戦争孤児を知っていますか？

あの日、〝駅の子〟の戦いがはじまった

本庄　豊●著
立命館宇治中高教諭

千葉　猛●寄稿
MBSアナウンサー

MBSラジオ「報道するラジオ」●協力
せんそうこじぞうの会●協力
憲法ラジオ京都●協力

日本機関紙出版センター

〈もくじ〉戦争孤児を知っていますか？

もくじ

もくじ

ブックレットに寄せて

千葉　猛

私がリポーターを務めている毎日放送ラジオの報道番組「報道するラジオ」（毎週金曜日午後9時〜）では、戦後70年を迎えるにあたって、戦争について考える特集に取り組みました。「93歳の元震洋特攻隊員の証言」「毒ガスの島」「ミッドウェー海戦に従軍した元海軍兵士が見た光景」などのテーマを取り上げ放送していく中で、私は長年心の中に引っかかっていたテーマを提案することにしました。それは戦争によって親を失ってしまった「戦争孤児」です。

1997年、当時ラジオ報道記者だった私は、内戦が終わったばかりのカンボジアへ、日本のPKO活動の跡を取材するために訪れました。そして1人の少年に出会います。トンレサップの川岸で私に近づいてきた10歳くらいの少年は遠慮がちに近くに座り、私の通訳を介して自分の身の上を語り始めました。内戦で親を亡くしてしまったこと。いまは親戚と暮らしているが、居心地が良くないこと。日本はどんな国なのかということ。地面に小枝で円を書きながら、少年は小声で語り続けます。

その時の私は取材予定が立て込んで苛立っており、若くもあって、少年の話をきちんと聞かないままましばらくすると立ち上がり、車に乗って次の取材地へむかってしまいました。いまそのことをとても悔いています。日本に戻って少年のことを思い、そして気づきました。「あの少年は私に希望を見出していたのだ。遠い平和の国、日本からきた外国人記者が、自分の人生を変えてくれるかもしれないと思っていたのだ。自分たちのことを知ってほしいと思っていたのだ。」なんとも言えない気持ちになりました。

以来十数年、少年のことが心に引っかかったままになっていました。もう連絡をとることは出来ないけれど元気で生活しているのだろうか、ちゃんと成長して大人になれたのだろうか、それとも…。何もしなかった罪悪感とともに、心の痛みは残り続けていました。そして振り返って自分の国、日本の歴史を見ると、日本にも同じ「戦争孤児」がいたのだということに改めて気づきました。

70年前までつづいた戦争で日本は焼け野原となり、アジアの各地で市民が犠牲となりました。広島、長崎には原子爆弾が落とされて何万人もが亡くなりました。親を亡くした子どもも大勢いたはずです。戦後の厳しい食糧難の時代を、幼い孤児たちはいったいどうやって生きたのだろう。ちゃんと大人になれたのだろうか。ひどい目に遭っていたのではないだろうか。いろいろな思いが巡ってきます。しかし、いままでどんなに探しても、日本では私の周りで「私は戦争孤児だった」と話してくれる人はいませんでした。大勢いたはずの戦争孤児はどこへ行ってしまったのか。なぜ孤児たちは過去を語ろうとしないのか。そこにはどんな現実があったのか。疑問はたくさんわいてきます。

しかし、戦争孤児を調べている研究者は少なく、関西ではお会いすることが出来なかったため、番組テーマに提案する機会のないまま、時が過ぎていました。今年、戦争孤児の供養のために、京都のお寺、大善院に「せんそうこじぞう」という地蔵が作られるという情報を得て、その関連で戦争孤児の調査をしている立命館宇治中学校・高等学校教諭の本庄豊さんを知ることが出来ました。

この本の中にも書かれていますが、実は大きな空襲がなかったはずの京都にも戦争孤児が大勢いたのです。いまも毎日数多くの人が乗り降りしている京都駅で、幼い孤児たちは生活していたのです。京都だけではありません。大阪にも孤児はいました。孤児たちは「駅前小僧」「駅の子」などと呼ばれながら、必死に生きていたのです。もちろん京都や大阪だけではありません。全国に本当に多くの戦争孤児がいたのです。子どもたちはなぜ駅にきて生活したのでしょうか。子どもたちに対して国はどんな援助をしたのでしょうか。どんなことをしてお金を得て、どんなものを食べて、病気になった時にはどうしていたのでしょうか。寒い時期にはどうやってすごしていたのでしょうか。子どもたちの生活を助けてくれる施設はなかったのでしょうか。

私はこれまで、戦場の兵士だった方、空襲被害者の方など悲惨な戦争体験をされた人たちに少なからずお話を聞いてきました。深い戦争体験をお聞きするときには聞く側にも覚悟が要ります。相手の一番語りたくない辛い過去を聞かなくてはならないからです。しかしそれこそが戦争の最も伝えていかなくてはならない真実を示しています。私たちはその真実から逃げることなく、きちんと向きあわなくてはなりません。

戦争孤児として生きた方々は、辛さを乗り越えて自らの体験を語ってくれました。それは戦争がいかに人間の運命をずたずたにしてしまうものかを示しています。みなさんもこの本を読み進める中でつらくなることがあるかもしれませんが、目を逸らさず読み続けてください。これは現実にあったことです。最初にカンボジアのことを書きましたが、戦争孤児は日本だけのことではありません。世界で戦争がある限り、孤児になる子がいるのです。幼い子に戦争の責任はありません。もう決して戦争孤児を生み出すことのない、平和な世界を作るために私たちはどうするべきなのか。この本を読んで考えていただければ幸いです。

（ＭＢＳアナウンサー）

ＭＢＳラジオ「報道するラジオ」２０１５年８月21日（金曜日）午後９時30分から放送
（紙上再録）

戦後70年～戦争孤児

京都駅で暮らしたひとりの戦争孤児（奥出廣《ひろ》司《し》さん）

〈出演〉本庄　豊（立命館宇治中学校・高等学校教諭）
千葉　猛（ＭＢＳアナウンサー）
水野晶子（ＭＢＳアナウンサー）
平野幸夫（ジャーナリスト・元毎日新聞論説委員）

〈企画〉亘佐和子（ディレクター）

水野晶子　「報道するラジオ」はシリーズ戦後70年ということで、これまで元日本軍兵士の貴重な証言をいろいろな形で聞いていただいてきました。戦争中に戦場で何があったのか、その現実に迫ってきましたが、では戦争が終結した後のくらしはどのようなものであったのでしょうか。今週は「戦後70年、戦争孤児」と題してお送りしていきます。どうかみなさん、お聴きいただいたご意見やご感想をいつものところにFAX、メールでお寄せください。そこで今日は戦争終結直後の1人の少年の人生に光を当てて千葉猛アナウンサーの取材報告をお聞きいただこうと思います。千葉さん、どうぞよろしくお願いします。

千葉猛　私は終戦直後に実際に戦争孤児、「駅の子」と呼ばれて京都駅で生活をした方にお話を伺ってきました。お話を伺ってきましたのは、京都府宇治市にお住まいの奥出廣司《ひろし》さんです。昭和20年に6歳の時、孤児として生活をしました。奥出さんは2歳の時にお母さんを亡くしました。そして戦争が終わった時には住む家もなくしていまして、お父さんと2歳上のお姉さんと3人で京都駅にやってきます。駅ならば雨もしのげるし何か仕事を見つけたり、食べ物が手に入る可能性があるのではと考えたからです。しかしまもなく奥出さんは病気で弱っていたお父さんを亡くします。

奥出廣司　**(父親の)身体が衰弱してきて、見ていてもわかるんです。顔はやせ細ってくるし、身(筋肉)などないぐらいにガリガリです。いつ死んでも不思議じゃない状況でした。だから子ども心に覚悟はしていました。亡くなった病名は腸チフスです。それで親父を京都駅の職員さんが担架に乗せ**

て、どこに連れて行くのか知りませんが後をついて行きました。すると京都駅にある死体置き場に着きました。そこには死体が20体、30体ぐらい積んでありました。親父はまだ虫の息で完全には死んでいませんでしたが、それでも死んだとみなされてポイっと死体置き場に捨てられました。人間、死んだら内臓が腐っていきますから。まずウジ虫が湧いて眼や鼻や口から出てきます。そこに生ごみを放るようにポイっと捨てられてそれで終わりです。しばらくはぼーっと、漠然と見ているだけでした。自分に言い聞かせないとしょうがない。諦めろと。自分がこれから生きていくことを考えないとしょうがない。そういう状況でした。

千葉　ということで6歳の奥出さんは8歳のお姉さんと2人で、京都駅で孤児として生活することになりました。まずどうやって食べ物を手に入れていたのかを聞きました。

後列右が奥出廣司さん

奥出　京都駅で姉と2人で人から恵んでもらう。朝から晩まで1日～2日間何も食べられない時もありました。そこで京都駅の改札口で買い出し（昔の都会の人たちが田舎へ着物などを持って行ってお米や芋などと物々交換すること）から1番ホームに帰ってくる人たちをじっと待っていました。すると見ただけでボロボロの服やし、裸足ですし。栄養失調みたいにガリガリに痩せて目だけギョロギョロして、まあそういうような子どもでしたから。そこでおにぎりやさつまいもなどを改札で頂いてました。でもおにぎりなどは自分だけで食べるんじゃなくて、周囲にいっぱい私と同じような子どもがいますから、たとえ1個のおにぎりでも3人か5人で一口ずつ分けあって食べてました。さつまいもは京都駅のトイレに行ってさっと適当に洗ってそのまま生でかじる、そういう生活でした。

千葉　列車で買い出しに行った人に物乞いができる。買い出しに行ったわけですので、確実に食べ物を持っていることがわかるというのが、駅で生活するメリットだったわけです。そしてもらった生のさつまいもをかじる。これが6歳と8歳の姉と弟の生活です。

水野　1つのおにぎりを何人もで分けるとおっしゃってましたね。

千葉　しかし物乞いするだけではもちろん十分な食べ物は得られませんので、6歳の奥出さんは働きました。何をしたのかというとこんなことです。

奥出　タバコの吸《す》い殻《がら》拾い。これを「もく拾い」と言うんですが、タバコの吸い殻を集めて、ぜんぜん知らないタバコを吸っているおじさんにあげると20円や30円とかくれはるわけです。そして靴磨《くつみが》きをして生活していました。靴磨きは日本人よりも進駐軍、アメリカ人を出来るだけ目当てにしてまし

た。アメリカ人は「釣《つ》り、ノー」と言ってお釣りがいらないといってくれるので、進駐軍を主に相手にしていました。

千葉　いまの奥出さんの話の中にありました「もく拾い」ですが、当時はタバコがたいへん貴重品でしたので、捨てられた紙巻タバコの吸い殻をたくさん集めて持って行くと、その燃え残りのタバコの葉を吸い殻から取り出して集めて、また紙で巻き直すことによってタバコを作ることができたんです。それで子どもたちが集めたタバコの吸い殻には価値があったわけで、おじさんからお金をお駄賃としてもらうことができたわけです。これは子どもたちにとっては大きな収入源でした。奥出さんの記憶ですと、20円か30円あったら焼き芋が5～6個買えたということです。それから靴磨きですが、これに必要な道具の靴墨《すみ》と布切れですが、これは駅で生活する孤児みんながお互いに貸し借りをしていたそうです。終戦直後ですから靴磨きといってもほとんどの日本人は磨けるような靴を履《は》ける状況ではありませんで

左から2人目が奥出廣司さん

したので、革靴《かわぐつ》を履いている進駐軍のアメリカ兵がお客ということになります。インタビューの中にもありましたように、アメリカ兵は気前よくたくさんのお金をくれたりもしたそうです。食べることはそういう状況なのですが、では寝るときはどうしていたのか。京都は寒さが厳しいですが、奥出さんのお話です。

奥出 よその人と肌と肌を合わせながら、それを温もりにして、人間の体の温もりをお互いに分けあって寝ていました。40~50人ぐらいいたんじゃないでしょうか、大人も子どももそうしてました。床には筵《むしろ》を敷いて、だいたい自分の寝場所は暗黙の了解で決まっていました。相手の体の温もりとこっちの温もりも相手に分けてあげて、ピッタリくっついて座ったまま寝ていました。いくら筵を敷いても下はコンクリートですから横になれないんです。あんまり寒いと寝られないんです。お腹でも膨れていたら眠れますが、寒いわお腹はペコペコやわ、もう想像すればわかるでしょ。そういう日々が毎日続きました。だから持って生まれて体の弱いものは自然と死なないとしょうがなかった。

千葉 ということは、体を寄せあって寝ていても、気がついたら隣の子が死んでいたということもあったんですね。

奥出 そうです。隣の子がなんか冷たいなあと思ったらもう死んでいるわけです。1日に平均で2~3人は死んでいきました。

千葉　毎日そういう姿を見て、奥出さんはどういうことを感じていましたか。

奥出　どんなことを感じたのかなあ。6歳ですからね、そんなにたいそうな考えはなかったと思います。ただ漠然《ばくぜん》と、とにかく明日は俺の番やろうか、明日は生きてるやろうか、ということは寝る前に思ってましたね。明日このまま死んでんのとちゃうやろうかと。その恐怖感というか、そういうことは思っていました。明日は食べられるやろうか、恵んでもらえるやろうか、1食でもいいから食べられるやろうか。そういう心配ばかりしていましたから、戦争が終わっても僕らは生きていくための戦争でしたね。

水野　戦争は終わったけれども、「僕らは生きるための戦争がまだまだ続いていたんだ」というお声でした。奥出さんの証言を千葉猛アナウンサーの報告でみなさんに聴いていただきましたけれど、ここでお客様をスタジオにお迎えしています。いまご紹介しました奥出さんのような戦争孤児の方々のお話の聞き取り調査を数多くしてこられて、戦争孤児の問題について研究を続けてこられました立命館宇治中学校・高等学校教諭の本庄豊さんです。

本庄豊　こんばんは、よろしくお願いします。

水野　先ほどの奥出さんのお話は本当にショッキングですね。お父様がまだ生きていらっしゃるの

「報道するラジオ」スタジオ風景　左から水野、千葉、本庄、平野

に、弱ってはおられるけれども死体置き場に連れて行かれるというような場面に遭遇《そうぐう》していらっしゃって、それでも悲しみに浸《ひた》っている時間もない、もう明日をどうやって生きるのかという、それぐらいのすさまじい生活をしていた人たちがたくさんいらっしゃったんですね。京都駅でこのようなたくさんの子どもたちが生活していたんですか。

本庄　京都駅には、全国で4番めに多い約5千人の戦争孤児の方たちが暮らしていたと言われています。阪神地方や名古屋、東京、広島などからもやって来ていました。京都は戦災が少なかったので戦争孤児が少ないと思っていましたが、逆に駅舎が焼け残っていたので安全で、食料も得やすく交通の要衝だということで集まってきました。

水野　住むところもない、親が亡くなって食べるものもどうするんだと、今日明日食べられない、そういう子どもたちにとって駅というものが1つの望みの場所であって、京都というのは全国で4番目に多かった、そういう場所だったんですね。ただ私の思い込みなのかも知れませんが、こういう親御さんを亡くした子どもたちは、どこか田舎の親戚に預けられて、そこで生きていった人が多いんじゃないかと思っていたのですが、どうなんでしょう。

本庄 奥出さんの場合もそうなんですけど、お父さんが8歳のお姉さんと6歳の奥出さんを連れて、自分の体が弱くなったということで親戚の家に預かってくれないかと回ったそうです。ところがそれは断られました。

水野 断られるケースもあるんですね。

本庄 昨日、孤児になってから目が見えなくなって孤児院に収容されたという京都の銀閣寺の近くにおられる83歳の小倉勇さんのお話を聞きました。この方は福井県の敦賀で空襲にあって親戚に預けられたけども、そこで差別をされたりしたことが孤児の体験の中で一番辛かったと言われていました。

水野 親戚の中で差別を受けた…。孤児のみなさんにとっては社会的ないろいろな差別を味わってこられた方はとても多いのだと思いますが、親戚に行ったら優しくされると思いますよね。

本庄 それだけ親戚の方々も戦後の食糧難でたいへんだったということだと思います。

水野　優しくしてあげようと思ってもまず食料もないし、みなさんの日々が切迫していた。

本庄　自分の子どもに与える食料もない中で、なんで親戚とはいえよその子に与えなきゃいけないのかということです。小倉さんも親戚よりも東京駅、京都駅、大阪駅で暮らすことのほうがずっと良かったとおっしゃってました。

水野　食べられる、食べられないという問題と合わせて心の痛みですよね。親戚にまで冷たくされるというその時の子どもの心の痛みを考えると、まだ駅で自分でなんとかしたいという思いになっていた人たちも多かったんですね。

本庄　親しいからこそ余計に傷を受ける。あまり無関係な人に差別をされてもそうは思わないけど、戦争が終わるまではおじちゃん、おばちゃんだった人が戦後は鬼のようになっていくという、それが戦争の辛さですね。

水野　そうならざるを得なかったのでしょうね。

平野幸夫　奥出さんのお話では孤児同士でおにぎりを分けあったりという、そういう意味では駅のほうが住みやすかった。お互いに助け合う気持ちが子どもの心のなかで繋《つな》がっていたんですね。

本庄　だいたい子どもたちは集団、グループ、当時は徒党《ととう》と言っていましたが、それを組んで助けあって生活していたと言われています。奥出さんの場合はお姉さんもおられてその中で一緒に暮らしました。駅で生活した孤児たちのことが、奥出さんや小倉さんは懐かしいんじゃないかと思います。

水野　だけどその温もりを分かち合っていた仲間が明くる朝になったら冷たくなっている、そんなことがあったんですね。

本庄　このころの孤児たちはみんな虱《しらみ》を持っていました。するとどうなるかというと、虱は人間が亡くなって体温が下がるとササササッと他の子に移っていくんです。だから一緒に寝ていた時に自分のところに虱がたくさん来たら、ああ、隣で死んだんだということがわかったと、こんな証言もあります。

水野　仲間の死をそんな形で感じるんですか。生きるか死ぬかの中でアメリカ兵がお釣りはいらないよと言ってくれた証言もありましたが、このアメリカ兵が優しかったというのは…。

本庄　そうですね、孤児の方々はアメリカ兵については非常にいい印象を持っています。ただこれは歴史的には難しい問題もあって、マッカーサーという当時のGHQの最高責任者が日本に来て孤児の多さに驚いた。彼は世界各地をめぐっていますけど、こんなに孤児の多い国はないと言ってます。それは2つ理由があって、1つは日本に学童疎開があったということ。そしてもう1つは旧満州からの引き揚げの孤児たちがとても多かった。京都駅の孤児も実は3分の1が満州からの引き揚げの孤児という証言もあります。舞鶴に引き揚げ、その後京都駅に来ました。マッカーサーは治安対策の面からも、その子たちが将来犯罪に走ったり問題を起こすんじゃないかということで、各地のアメリカ軍に孤児たちに特に優しくするというか、孤児たちを支援するようにと指示を出したので、アメリカ軍はクリスマス会などのいろんな「会」を持っては、孤児たちを招待して贈り物をあげるということをやっていました。当時の写真に孤児たちとアメリカ兵が遊んでいるものが多くあります。

水野　アメリカ軍の1つの政策というか、占領下での政策の1つとしてだったとも言えるわけですね。

本庄　個々のアメリカ人の優しさももちろんあるんですが、政策としてそういうことをやっていたわけです。奥出さんもアメリカ兵が優しくしてくれた話をたくさんされていました。

水野　そのマッカーサーが驚いたという日本の戦争孤児の方々の多さはどれぐらいの数だったのでしょうか。

本庄　1953年の厚生省の調査では全体で12万人余りということになっていますけども、実際は、把握できない孤児の方もいましたから、その数倍はいただろうと言われています。

水野　では数十万人というように考えられてるんですね。子どもたちの駅での暮らしが死を目の前にした厳しいものであったということですが、そうするとどうしても犯罪に走る子どももいたんじゃないかと思いますが。

本庄　それは本当に多かったと思います。中には犯罪に走らずに、あるいは犯罪に走っても立ち直って孤児の収容施設で更生していく子もいたと思います。これも証言を聞いてみると12歳以上の子どもはなかなか立ち直るのは難しかったと言われています。それは自由の味というか、好き勝手にする味を覚えてしまったんですね。たとえばこんなエピソードもあります。子どもたちが徒党を組んでいますが、冬になって寒くなると孤児院に行くけど、春になり暖かくなると逃げ出すというような話や、またある孤児院では吉野山（奈良県）に遠足に行き、そこでララ物資というアメリカからのたくさんの支援物資をもらってお花見をするわけですが、でも帰りがけには半分の子どもたちがいなくなっていた、みんなララ物資を持って逃げてしまったというようなことも聞いたことがあります。

水野　もちろん悪いことをしたらアカンとみんな、戦前だったらわかっていたし守れていた子どもも、もう生きるためだったらという、そういうことに追い込まれていったんですね。その孤児院に入って逃げ出した子どもたちが多くいたというお話ですが、ではやっと食べられる場所に行ったのになぜ逃げ出さざるを得なかった、そんな気持ちになったのでしょうか。

千葉さん、先ほどの前半のお話を聴いたリスナーの方は、こんな感想をさっそくくださいました。

「命の危機感といつもいつも背中合わせだったんですね。胸が痛みます」

先ほどの奥出さんのお話、お母様を小さい時に亡くしておられ、そしてお父さんも弱ってこられて京都駅ならなんとか食べ物にありつけるんじゃないかということでお父さんとお姉さんと行ったけれども、お父さんが弱っていって生きたまま死体置き場に運ばれるという場面に遭遇なさった。そのため物乞いをするしか仕方がない生活があり、いろんな人から恵んでもらうということもあり、おにぎりをみんなで分けあって暮らす。「もく拾い」もした。そして次々に仲間の子どもたちが死んでいく。そのようなお話をしてくださった奥出さんでしたが、さあ、それからどういう事が起こったのか。お願いします。

千葉　奥出さんは昭和20年11月から3カ月ほど京都駅での暮らしを続けた後、駅員さんに連れられて孤児のための民間の施設に入ることになりました。奥出さんのお話です。

奥出　もう天国みたいに思えましたね。畳の上に布団《ふとん》を敷いて、布団と言ってもせんべい布団という薄い布団ですが、でも天国のように思いました。それまではいつも椅子《いす》の上や地べたで寝ていたのですから。

千葉　どのぐらいの大きさの部屋に何人ぐらい住んでいたんですか。

奥出　10畳ぐらいの部屋に8人ぐらいでした。施設内には部屋が5つぐらいありました。私がいた時は60人ぐらいいました。

千葉　朝昼晩のご飯はどんなメニューでしたか。

奥出　朝はご飯とお味噌汁、それに漬物、たまに干物《ひもの》が出るぐらい、そんなもんでした。お昼はパンかうどん。うどんは素《す》うどんかきつねうどん。それだけでした。

千葉　畳の上で生活することができて、朝昼晩とご飯が食べられるようになったのですが、しかし実はこれで安心というわけではなかったのです。

水野　10畳に8人とおっしゃってましたが。

千葉　それでもね、ご飯が食べられてお布団で寝られるということにはものすごく感謝されてましたね。さらに施設からは学校に通うこともできました。でもその学校ではこんなことがありました。

奥出　一般家庭の子どもらが行く学校へ施設から同じように行きました。でもそこで差別されましたね、孤児の子らだと。あいつらの側に行ったら虱《しらみ》が移るとかいろいろ言われました。施設の子は鼻を垂《た》らしたり目やにを出したりと、栄養不足なんでしょうね。また頭には「しらくも」と言って、昔は体に虱を持っていたからいじめられましたね。だけどそういうことに対しては施設の子は団結がききましたから、すぐに団結して相手をやっつけました。

千葉　じゃあ学校も辛かったですね。

奥出　はい、慣れるまではね。だから精神的に弱い子はイジメにあうと、とことん萎縮して弱くなりますね。自殺する子もいました。

水野　せっかく生き延びた命なのに自ら命を断つ子もいたわけですね。本庄さん、先ほどの奥出さんの証言ですが、学校に行っても虱がいるじゃないかとか、不衛生だというような言い方でイジメを受けたと。だけどせっかく孤児のための施設にはいっていたわけですよね。そうした孤児のための施設というのは子どもたちの身なりをなんとか整えるとか、栄養不足を解消するとか、衛生面をなんとかするとか、そこまでの余裕《よゆう》というものはなかったんでしょうか。

本庄　財政的には非常に厳しかったと思います。たとえば8月15日に戦争が終わって、京都では9月に積慶園という新しい孤児院が出来ます。京都府からのわずかばかりの財政的支援も受けていましたが、国からの支援は何もありませんでしたので、非常に厳しい中でやっていましたね。

水野　元々これは民間がやっていたんですね。そこに京都府としてはなんとか財政は支援するけど国からの支援はなかったんですね。

本庄　ほとんどの施設が宗教系で仏教系やキリスト教系の施設でした。個々の施設はかなり努力はされたんですが、財政的に厳しくて指導員の先生たちが身銭を切って運営していたということですね。

水野　個人個人の思いの集まりによって運営されてた部分が多いんですか。もっと公のものがどんどん子どもたちを守っていたのかとばかり思っていました。

本庄　特に戦後の混乱の中で出発したということですからね。むしろこれだけ民間の孤児院が出来ていったのが逆に素晴らしいことではなかったかと思います。

平野　これも国がやったんじゃなくて自治体が中心だったんですか。

本庄　自治体の支援をうけた宗教系の施設が中心だったということです。京都、たとえば奥出さんがおられた民間の施設などは、日露戦争後にできた孤児院です。つまり日露戦争という戦争によって孤児が生まれて、京都では仏教系の孤児院ができてそれが拡充していったという経過です。

平野　補償《ほしょう》というものは民間人ですからなかったと思いますが、軍人には恩給という補償がありましたよね。その後、国としては孤児の人たちに財政的な支援というのは一切なかったんですか。

本庄　一切ないですね。謝罪もありませんでした。唯一あったのは、不十分ですが中国残留孤児の方々については日本政府が一定の保護政策を出しましたけども、それ以外の方々については一切なしということです。

水野　謝罪もなし、補償もなしという中で戦争孤児の方たちが大きくなって仕事を得て、定職に就いて経済的に自立できたのかどうなのか、そのあたりはいかがだったんですか？

本庄　奥出さんはもともと能力の高さもあったと思いますが、手先の器用さとかもですが、15の仕事を変わりながらも1つひとつの仕事をしっかりこなしていったと思います。けれど転々とするうちに悪い道に落ちていった孤児たちも多かったと思います。孤児院の先生たちに聞くと、たとえば奥出さんは自分が暮らした施設に年末年始にはお歳暮を届けたり、お正月に行くところがないですから孤児院に来て先生たちと話したりしているんですね。ところがそういうことをする孤児たちはほとんどいなかった。だんだん人数も減ってくる。つまり孤児院に戻れないような悪い道に行くんじゃないかと。

水野　つまり、お世話になった孤児院の人たちに顔向けできないという気持ちになった人たちもいたということですかね。

本庄　そうですね。悪い道に行かないまでも、体が弱くて亡くなった人たちもとても多かったんです。

水野　千葉さん、奥出さんもお仕事での苦労もあったでしょうね。

千葉　今、本庄さんからお話もありましたが、奥出さんは中学を卒業して社会に出られました。でもやはり孤児であったということで、安い給料で雇われたりとか、雇ってやってるんやという態度を見せられたりすることもあったそうです。ですので就職の時には孤児であったということは話さなかったそうです。履歴書を出してというような職ではなくて、人間としての信用を見極めてくれる所を探したと言われています。

水野　それが本来の形ですよね。だけど戦争孤児であるという自分の歴史を語ることができなかった。それをすると職場で差別されるということがあったんですね。では本庄さん、ここでリスナーの感想をご紹介します。

「私は京都出身ですが祖母や両親に戦争の話を聞いても、結局話してくれませんでした」

そういう方、多いでしょうね。

本庄　そうですね、やはり受けた体験の厳しさや重さがなかなか口を開かせなくしているんだと思いますね。

水野　ただこのご両親や祖母様から数少ない証言の中で覚えていらっしゃるのは「京都駅は近寄り難かった」という言葉だそうで「それは治安が悪く不潔だという理由で京都駅は近寄り難かったと」いうふうにおっしゃっていたんだそうです。

本庄　それも貴重な証言ですね。

水野　そして「そこ（京都駅）では生きるための戦争が続いていたんですね。知りませんでした」と今日、このように見方を一新してくださっています。やはり「近寄りがたい」という周りの空気、社会のものの見方というものが戦争孤児のみなさんを苦しめたでしょうね。

本庄　施設に孤児のみなさんを入れることを「孤児狩り」「刈り込み」「子ども狩り」といい、まるでモノとか獣を扱うかのような用語だった。だからそういうことが行われているのを見ている人たちが大きな差別をしていったり、「そんなところに近寄ってはいけないぞ」というようなことになっていったんではないでしょうか。

水野　ただ、たとえば孤児を守るための施設をやってらした宗教施設の方々は、子どもたちのためを思ってこっちのほうがいいよって、京都駅から離していくわけでしょ。でもそれは孤児から見ると違う見方をしてしまうということでしょうか。

本庄　今のような教育ではなくて集団生活ですよね。決まりは厳しいし朝早くに起きて、もちろん体罰もあったでしょう。少ない人数でたくさんの孤児の面倒をみないといけないとなると、どうしても暴力があったり管理が厳しかったという話はよく聞きます。

水野　だけど他に頼るところもなく、今のお話だと、そうやって戦争孤児の方たちに対する社会的差別は戦争が終わってからもずっと長く続いたということですね。

本庄　孤児のみなさんのお話を聞いていくと、最初は孤児の施設でひどい目にあった、こんな先生は二度と顔も見たくないと言います。奥出さんもはじめはそう話をされました。ところが奥出さんと私は今年で3年目のお付き合いなんですが、3年ぐらい経つと、孤児院の先生でこんなに優しい人がいたとおっしゃいました。奈良の先生ですが奥出さん含めて5〜6人の子どもたちを夏休みに自分の家に泊めてプールに連れて行ってくれたり、いろいろと面倒をみてくれたと。こういう話を聞き出すのに3年かかったんです。つまり虐待体験の方はどちらかというと覚えていて早く話すんですが、温かい人間の温もりの話はやはり時間をかけてお話をしていかないとなかなか思い出さないし、語ってもらえないということです。

水野 こうやって多くの方の聞き取り調査をしていらして強くお思いになることはどういうことでしょうか。

本庄 私は学校で歴史を教える教師です。戦争が終わったら、日本国憲法ができて平和主義の世の中になって、日本は高度経済成長を迎えていくという、こういうふうに教えてきたんですが、実際は戦争が終わっても実は戦争は続くという、この当たり前のことを、しかも子どもたちが犠牲になっていくということを教えられていなかったなと思います。考えたら、戦争をするということは孤児を生むことなんですね。

水野 必ず戦争孤児を生むのが戦争なんですよね。

本庄 そうです。今、世界各地でたくさんの戦争が行われていますが、当然これはたくさんの戦争孤児を生み出しているわけです。その孤児たちが少年兵になったり、また地雷で犠牲になったりということになっていますので、この視点から戦争を眺めてみたら、戦争とはとんでもなく恐ろしいことなんだということが、奥出さんはじめさまざまな戦争孤児の方々からお話を聞くことでわかってきました。

平野　子どもたちがこうやってなんとか生き延びても、しかし一方では生き延びられなかった餓死した子どもたちも多くいたんですよね。本庄さんの資料によりますと、敗戦後4カ月の間に5大都市で750人の人が亡くなっています。

本庄　施設で栄養失調などで亡くなる子も結構いるんです。京都の大善院というお寺で「伏見寮」という施設で亡くなった8体の孤児の遺骨と遺髪が見つかりまして、この間、奥出さんに「せんそうこじぞう」という題字を書いていただいて可愛らしいおじぞうさんを作りました。というのも亡くなった孤児の方たちを供養する場所がない、手を合わせる場所もなかったんです。そんな形で奥出さんがようやく一歩ずつ発言とともに行動も始めていったということですね。

水野　リスナーのみなさんから続々と感想をいただいています。こちらの方は「子どもたちが戦争直後、たった1人でどうやって生き抜いてきたのか、そのたくましさと辛苦を思うと胸が痛みます」。こんな現実があったことをやはり今の子どもたちにもわかっていて欲しいですよね。これは教育現場ではいかがなんでしょうか。

本庄　奥出さんについてはようやく今年、私の勤務する中学校で授業に来て頂いてお話をしていただくことができました。また8月6日の広島原爆の日には、中学生全員が集まって奥出さんの話を聞く機会をもちました。どちらかというと平和学習というと何か大きな学習をしなくちゃいけないと私たちは思っていたのですが、身近な戦争孤児の方たちの体験を聞くということは子どもたちにとって大きなインパクトがあったと思います。戦争孤児の学習は京都だけではなくて、全国の都市が空襲を受けていますので、各地でそれができると思います。

水野　本当ですね。こちらのリスナーさんは「日本の侵略によって中国や朝鮮半島にも多くの孤児のみなさんが生まれてしまったということもしっかりと私たちは押さえておく必要があるでしょうね」とおっしゃっています。

本庄　私が書いた『戦争孤児シリーズ』（汐文社）の第1巻は奥出さんはじめ京都駅の孤児の話です。第4巻が旧満州の孤児の方々の話になっています。奉天《ほうてん》や瀋陽《しんよう》などに孤児院があって、その孤児院はもともと中国人のための孤児院だったのですが、そこが戦後日本人が中国から引き揚げてくるときに日本の子どもたちの孤児院になっていくわけです。日中の孤児院同士で助け合ったという、連帯感をもって助け合ったということが史実としてわかっています。

水野　こちらのリスナーさんからは「今日のお話でこうした孤児のための施設は有志による支援が大きかったと知ってびっくりしました。人々の温かさを思うと同時に政府の不甲斐なさに憤りを感じます」とあります。本日は立命館宇治中学校・高等学校教諭の本庄豊さんにお話いただきました。本庄さん、どうもありがとうございました。

MBSラジオ「報道するラジオ」のために準備した資料

戦争孤児　Q&A

〈質問〉亘佐和子
〈回答〉本庄　豊

【Q1】なぜ戦争孤児について調べようと思ったのですか？

A　『いじめる子』（2012年、文理閣）という本の中に書いたのですが、公立中学校に勤務していたころ、友だちにひどく暴力をふるう男子生徒がいました。ご両親が自宅におらず、おじいさん、おばあさんと暮らしていました。家庭訪問をするとお父さん、お母さんに養育能力がないので小学校6年生まで児童養護施設にいたといいます。そこで、その施設を訪ね、先生と話すと児童養護施設のルーツは孤児院だったことがわかりました。

今考えてみれば当たり前のことなのですが、戦争が終って親を亡くした孤児たちが日本に溢れていた。心を痛めた人たちが全国に孤児院を作っていったことを忘れていました。私が少年期に読んだマンガは孤児の話が多く載っていました。たとえば、「あしたのジョー」の矢吹丈も、「タイガーマスク」の伊達直人も孤児という設定でした。彼らが戦争孤児かどうかはわかりませんが、それでも孤児たちがたくさんいたという社会のなかで、リアリティをもって読まれたのです。少し時代は遅くなりますが、「みなしごハッチ」というアニメもありました。

歳末助け合いの共同募金や赤い羽根は、日本を占領したアメリカ軍の指示もあり、戦争孤児救済のために始まったものです。私が強い関心を寄せるので、ある施設の園長先生が1枚の写真を見せてくれました。それが、私の書いた『シリーズ・戦争孤児』第1巻（2014年、汐文社）の表紙に掲載した京都駅前で空き缶コップを手に持つ少年の写真だったのです。この少年の写真を見たとき、虐げられ差別され、犯罪に走ったといわれてきた戦争孤児のイメージが変わりました。戦後をたくましくまっとうに生きた孤児たちの姿が浮かんで来たのです。こうして私の戦争孤児調査が始まりました。施設により程度の差はありますが、写真や文集、当時の記録などが保管されていることがわかり、戦争孤児に関する資料が集まってきました。

【Q2】孤児の方々は、自分の過去について話してくれますか？

A　元孤児院の資料から、名前を探し出し、連絡先をみつけて電話をかけるのですが、直接会って話をしてくれる人はほとんどいません。電話でのインタビューということで、話をしてくれた方が何人かいましたが、話してくれたことを本に掲載したいと言ったら断られました。千葉猛さんのリポートに登場する奥出廣司さんのような方はまれです。

『シリーズ戦争孤児』第1巻「駅の子たちの戦後史」（汐文社）の表紙写真

【Q3】戦争孤児とは、どんな子どもたちのことをいうのですか？

A　戦争や戦後の混乱のなかで親を亡くした孤児たちのことを言いますが、親がいても捨てられた子どもや、迷い子なども戦争孤児と呼びます。私の編集した『シリーズ・戦争孤児』は全5巻なのですが、戦争孤児をわかりやすく伝えるために戦災孤児、原爆孤児、引揚・残留孤児、沖縄の戦場孤児、混血（国際）孤児というふうに分類しました。このうち引揚・残留孤児とは、主に旧満州からの引揚げの混乱の中で親を亡くした子どもや置き去りにされた子どものことです。混血（国際）孤児とは、日本を占領したアメリカ兵と日本女性との間に出来た子どもで、父親がアメリカに帰ってしまったなどの事情で、孤児となった子どもたちのことです。混血（国際）孤児のための施設としては、神奈川県大磯町にある「エリザベス・サンダース・ホーム」が有名です。

〔戦争孤児の分類〕

戦災孤児	空襲などの戦災や戦後の貧困などで身寄りをなくした孤児
原爆孤児	戦争末期の原子爆弾投下で身寄りをなくした孤児
引揚孤児	戦後、旧満州や南洋諸島などから単身で戻ってきた孤児
残留孤児	旧満州などに取り残され、現地の人に育てられた孤児
沖縄の戦場孤児	沖縄戦で身寄りをなくした孤児や米軍兵士との混血孤児
混血（国際）孤児	日本を占領した米軍兵士と日本人女性との間に生まれた孤児

（本庄豊編著『シリーズ戦争孤児』第１巻、汐文社より）

１９４８（昭和23）年の厚生省（現在の厚生労働省）による「全国孤児一斉調査」の分類は以下のとおりです。

①戦災孤児　両親が空襲や原爆などの戦災で亡くなった孤児。片方が戦災、片方が病死の場合も戦災孤児に分類される。
②引揚孤児　旧満州など日本の支配していた地域から引揚げる途中で両親を亡くした孤児。
③棄迷児　空襲などにより親とはぐれて迷ったり、棄てられた孤児。
④一般孤児　①②③以外の孤児。両親の病死や行方不明などで生じた孤児。

【Q４】どこの街に、どれくらいいたのですか？

A　「全国孤児一斉調査」によれば、全国の戦争孤児数は約12万３５００人、孤児たちは食糧を求めて列車を無賃乗車して移動したので、大きな駅のあるところに集まりました。親戚に預けられた孤児や施設に入れられた孤児は逃亡することも多かったので、実際に駅とその周辺にいた孤児数は不明です。駅舎が空襲で破壊されたところでは、雨露がしのげる地下道がある街に孤児が多くいました。

〔戦争孤児数の多い都府県（10位まで）〕

1	広島県	5975人（456人）
2	兵庫県	5970人（662人）
3	東京都	5330人（1703人）
4	京都府	4608人（584人）
5	愛知県	4538人（533人）
6	大阪府	4431人（1413人）
7	岐阜県	4365人（111人）
8	埼玉県	4043人（180人）
9	福岡県	3677人（584人）
10	茨城県	3628人（163人）

＊沖縄県をのぞく全国合計孤児数は12万3511人（1万2202人）

厚生省「全国孤児一斉調査」（1948年2月1日現在）より

（1）この厚生省（当時）調査は、アメリカ統治下の沖縄では実施できなかった。沖縄県ついては、琉球政府行政主席官房情報課「児童福祉の概要」（「情報」第14号、1954年4月7日発行）による。「情報」によれば、養子や親戚による引取りも含めると実際の孤児数は約3000人であったとされる。

（2）（　　）内は孤児施設に入れられた子どもたちの数。ただし、逃亡や死亡などもあり実数は正確ではない。

（3）調査対象は、数え年1〜20歳の孤児。このうち8〜14歳の孤児5万7731人（全体の46・7％）だった。

※数え年とは生まれた時を1才とし、正月に1つずつ加えていく日本独特の年齢の数え方である。

☆当時は都市部ではない埼玉県、岐阜県、茨城県などに孤児が多いのは、東京都の集団疎開先であったからだろう。

（本庄豊編著『シリーズ戦争孤児』第1巻、汐文社の資料を補足して作成）

○年齢別 ※年齢は「数え年」

1〜7歳	1万4486人
8〜14歳	5万7731人
15〜20歳	5万1294人

○種類別

戦災孤児	2万8247人
引揚孤児	1万1351人
棄迷児	2647人
一般孤児	8万1266人

○保護者別

親戚に預けられた孤児	17万0108人
施設に収容された孤児	1万2202人
独立した生計を営む孤児	4201人

※養子縁組した孤児は含まれない。

〈都道府県別戦争孤児数〉

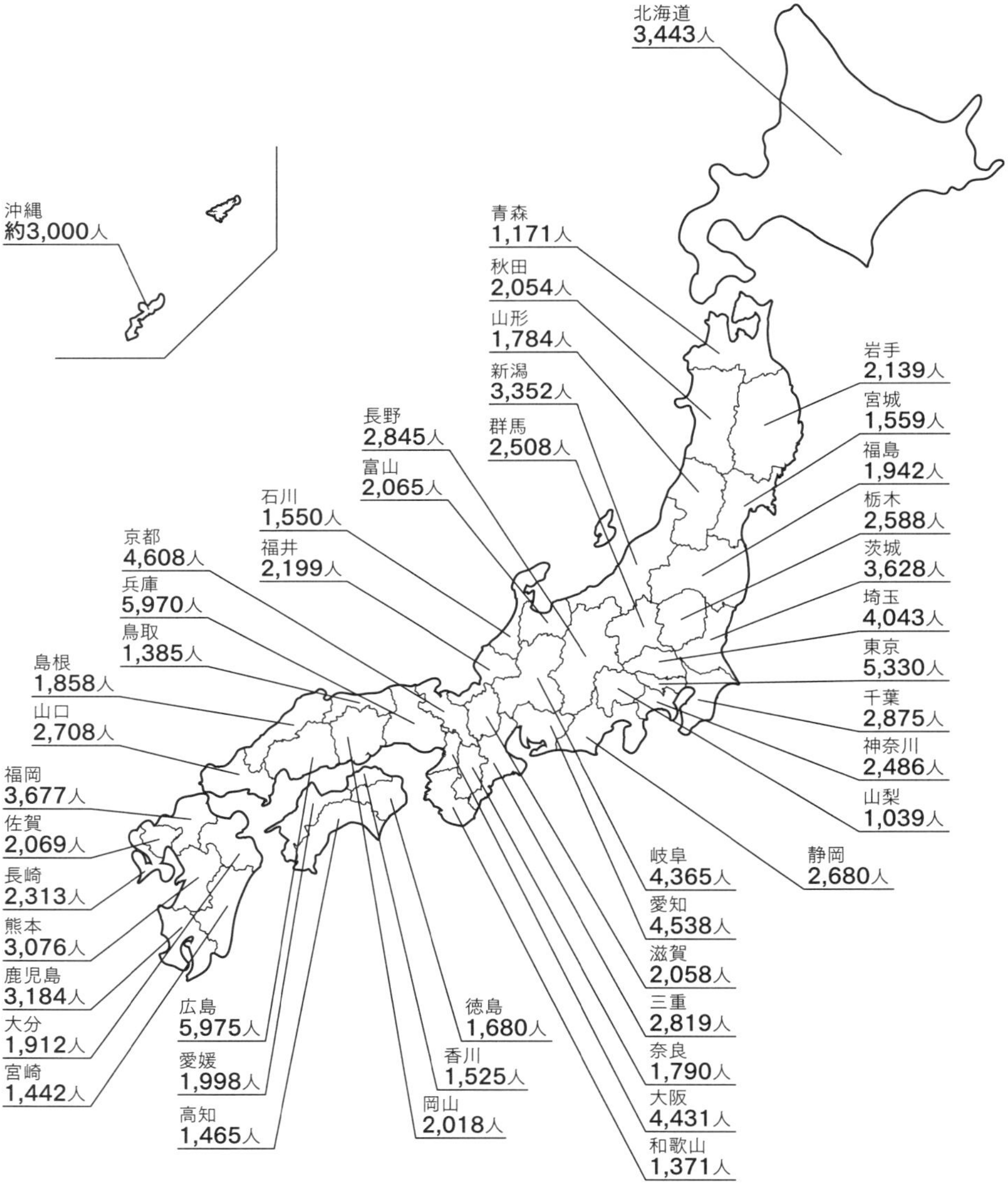

『厚生省児童局企画課調査報告』（1948年〈昭和23〉2月1日現在）より作成

【Q5】なぜそんなにたくさんの戦争孤児が生まれてしまったのですか？

A　1つには、国策として実施された学童疎開があります。学童疎開には縁故疎開と集団疎開とがありました。学童疎開には将来の兵隊を確保するねらいがあったと言われています。いじめや食糧難など、疎開先では大変な苦労がありました。布団のない子ども、一定の資金を準備できない子ども、病気がちの子どもは学童疎開には行けませんでした。弱かった子や貧しかった子は、都会に残され空襲で焼け死んだのです。

もう1つは、満蒙開拓団です。戦争が終ったとき、旧満州にいた日本人の約半数が子どもでした。親が死に命からがら博多港や舞鶴港に逃げてきた孤児たちが大勢いました。

【Q6】関西にはどれくらいの戦争孤児がいたのですか？（戦争孤児数は兵庫県が第2位、東京を上回っています。これはなぜですか？）

A　神戸は当時日本で一番大きな貿易港であり、戦前の阪神工業地帯は日本最大の工業出荷額を誇っていました。もっとも経済の大きな地域に孤児たちが集まってきたわけです。そこには食料と仕事があるということです。

厚生省による「戦争孤児一斉調査」（1948年）によれば、近畿地方では兵庫5970人（662人）、大阪4431人（1413人）、京都4608人（583人）、滋賀2058人（85人）、奈良

1790人（288人）、和歌山1371人（58人）となっています。兵庫、大阪、京都などの大都市の駅に孤児たちは集まりました。

＊括弧内は施設収容人数。

【Q7】空襲の少なかった京都になぜ戦争孤児たちがいたのですか？

A　京都は原爆投下第1目標だったこともあります。原爆の威力をためすために、空襲を控えたとも言われています。アメリカの占領をスムーズに進めるため、天皇制の精神的拠点であった京都を攻撃することをアメリカはやめました。以前は、アメリカ軍が京都の文化財を守るために空襲をしなかったという伝説が信じられていましたが、これは真っ赤なうそです。ともあれ、戦災の少なかった京都は駅舎や街が残りました。孤児たちが暮らす地下道はありませんでしたが、夜露をしのぎ、食べ物を確保する上でとても条件のいい場所だったことになります。東京や九州からも孤児が京都に来ています。京都は全国4番目の孤児の街になりました。孤児たちのあいだに「京都に行けば

京都駅近くの瓦礫で遊ぶ孤児たち（提供：積慶園）

食べ物にありつける」といった情報が流れました。福井県敦賀市で空襲にあい、孤児になって東京や長崎、大阪などを転々としたあと、京都にたどりついた元孤児の方の話を聞いたこともあります。実は京都にも空襲はあり、孤児になった人もいました。

【Q8】なぜ子どもたちは駅に集まったのですか？

A　孤児になった子どもたちは、まず一番身近な地域の駅に行きます。駅は人とモノとが集まる場所であり、食料やお金になる仕事があったからです。アメリカ軍は日本の大都市を空襲した後、地方都市を次々に空襲していきます。空襲は孤児を産む最大の原因でした。原爆が投下された広島でも、広島駅が爆心地ではなかったため、駅に孤児たちが住むようになりました。地方都市から大都市への孤児の流れもありました。京都を例にすれば、阪神地方や名古屋から孤児が流入したばかりではなく、舞鶴港に引揚げてきた孤児たちが置き去りにされたのも京都駅でした。どんな地方にも孤児がいたことになり、こうした孤児たちの聞き取り調査を今しなければなりません。都市が空襲され両親が亡くなったため、学童疎開していた子どもがそのまま孤児となり地方の駅に集まるケースもありました。

【Q9】犯罪に手を染める子どもたちもいたのですか？

A　非常に多かったと言われています。そんな中で孤児たち独特の言葉も生まれました。上野駅周辺を「ノガミ」、地下道を「モグラミチ」、タバコの吸殻を「シケモク」、商売を「バイショウ」、すりを「チャリンコ」、置いてある荷物を持ち逃げすることを「オキビキ」、強盗を「タタキ」、窃盗を「ノビ」、ゆすりを「カツアゲ」、東京駅から静岡県の沼津行きの最終電車に乗り、翌朝の東京行きで帰ってくる、無賃乗車をしながら電車のなかで暮らす生活を「ヌマカン」と呼びました。ヌマカンをしたのは、電車のなかは暖房があり冬でも暖かかったからです。無賃乗車は「薩摩守忠則《さつまのかみただのり》」、ただつまり無料で電車に乗る「タダノリ」。これらのなかには、今でも使われている言葉があります。

【Q10】京都駅で亡くなった戦争孤児たちは、その後どうなったのですか？

A　亡くなった孤児たちは、伏見にあった火葬場で焼かれました。遺骨はまとめて、地面に埋められました。火葬場は京都府の戦争孤児一時保護施設「伏見寮」近くにありましたので、伏見寮で亡くなった子どもたちも、この火葬場で焼かれました。伏見寮の佐々木元禧《げんき》さんという指導員は、栄養失調で亡くなった孤児たちを不憫《ふびん》に思ったのでしょう。8人の遺骨・遺髪を、京都市下京区にある実家の大善院に持ち帰りました。大善院は仏光寺の塔頭《たっちゅう》です。3年前、大善院にあった遺髪・遺骨が戦争孤児のものだとわかりました。その後毎年、戦争孤児の追悼・法要が大善院で開かれています。今年は、戦争孤児たちが安らかに天国に行けるようにと、7月に「せんそうこじぞう」が大善院内に建てられました。ぜひ見に行ってください。

京都の孤児院、伏見寮の全景（提供：川崎秦市氏）

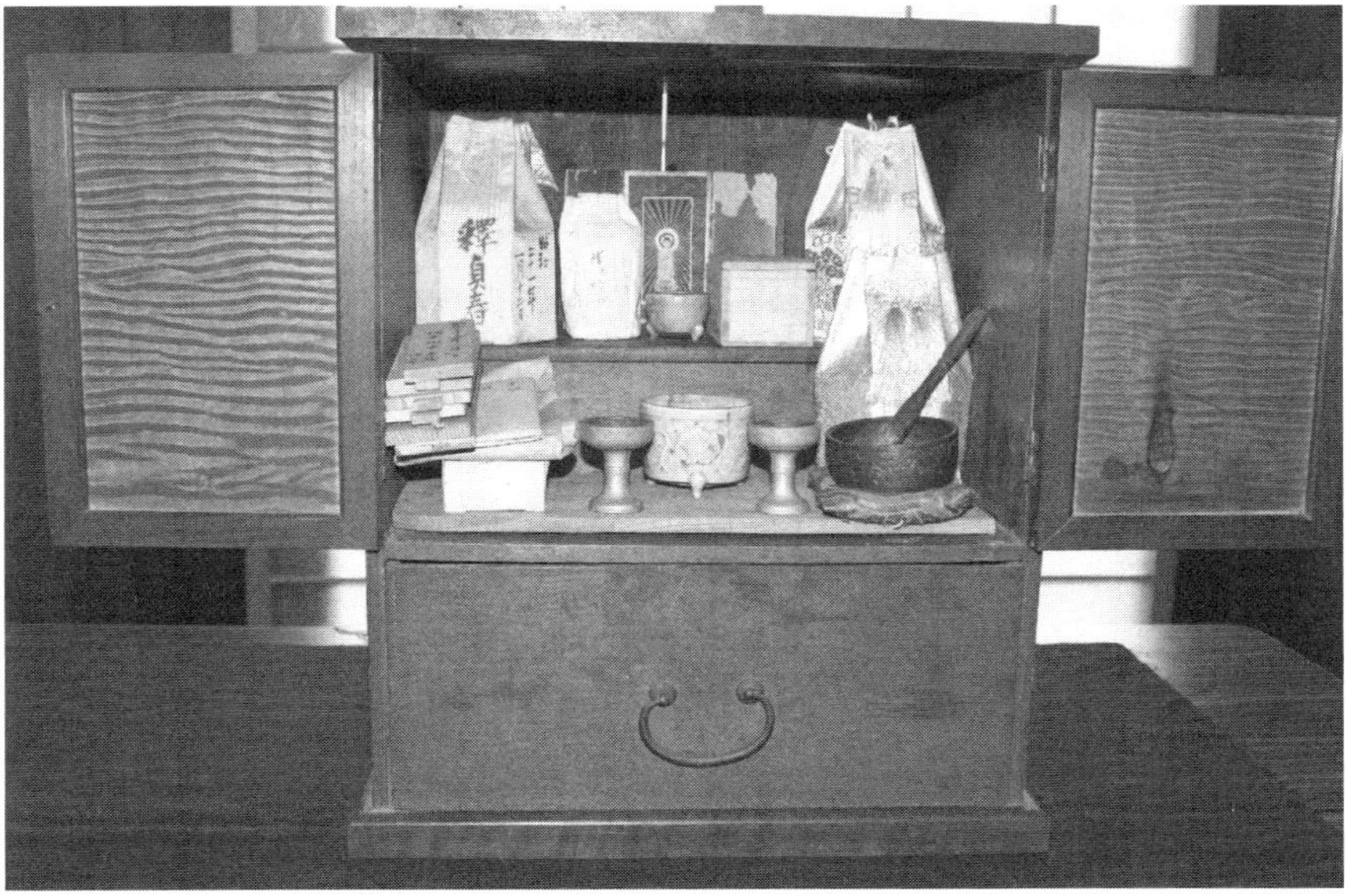
大善院の8人の遺髪と遺骨

【Q11】奥出さんの話にもあったように、亡くなった子どもたちも多かったのでしょうか？

A　餓死者は、1945年11月までに5大都市（東京・大阪・名古屋・京都・神戸）で750人もいました。そのなかには多くの子どもも含まれていました。戦後の孤児たちは、弱肉強食の世界に放り投げられたわけで、弱いものから先に亡くなっていったのです。

伏見寮の子どもたち（提供：故 山西重男氏遺族）

【Q12】戦争で親を亡くした子どもたちは、親戚に預けられたり、養子になったりした子が多かったのですか？　それとも施設に入った子が多かったのでしょうか？

A　養子は少ないようです。親戚に預けられた場合、父が兵士として戦死した場合は「靖国の遺児」としてそれなりの対応をしてくれましたが、敗戦後は物不足、食糧難のなかで孤児につらく当たる親戚も少なくありませんでした。

親戚の家を逃げ出し孤児院に入った子どももいました。正確な数はわかりません。

【Q13】施設の子どもたちは、高校に進学できたのですか？

A　中卒で仕事に就かなければなりませんでした。まれにですが、高校や大学に進学することもありました。これは施設の運営者の方の個人的なお金が使われたようです。

伏見寮の子どもたち（提供：故 山西重男氏遺族）

【Q14】就職活動はうまくできたのでしょうか？　孤児ということで不利益はあったのでしょうか？

A　就職の場合、施設から通うことはできませんので、住み込みで働かざるを得ませんでした。そのため、職種は限定されていました。また、孤児ということで就職だけではなく、結婚においても興信所の調査がつくなど、大きな困難がありました。

【Q15】親戚に引き取られて、虐待を受けたケースもあったのですか？

A　虐待というより、親戚の人も自分の子どもすら食べさせられないのに他の子の面倒は見切れないということで、孤児たちに辛く当たることもあったようです。虐待といえないこともないのですが、やむをえない面もありました。孤児たちは、聞き取りの最初は必ず虐待やいじめのことを語ります。けれど、聞き取りを続けていくと、孤児たちを助けてくれた人たちのことを語りだします。さまざまな人がいたことを忘れてはなりません。

【Q16】戦争孤児に対して、戦争責任がある日本の国は、何か助けるための対策をしたのですか？

A　児童福祉法成立以降は国が自治体を指導しましたが、あくまでも受動的なもので、積極的に孤児たちにかかわることはありませんでした。孤児院への支援などが始まりましたが、国は地方自治体まかせだったと言えるでしょう。

北山寮の子どもたち（提供：故 山西重男氏遺族）

【Q17】国からの正式な謝罪や、補償はあったのですか？

A　謝罪や補償はありません。国家が始めた戦争の被害者である孤児たちに対して、国は何もしてくれませんでした。中国残留日本人孤児に対しては就労支援と生活保護費の支給などが実施されていますが、それもまったく不十分なものであり、全国で残留孤児の方々が国を相手取って訴訟を起こしています。

【Q18】国は戦争孤児の数や生活状況について調査をしたのですか？

A　アメリカに言われて、1948年（昭和28）に実態調査をしましたが、非常にあいまいなものでした。けれど、戦争孤児に関する調査はこの調査結果しか現在は残っておらず、私たちの戦争孤児研究が進まない原因にもなっています。

【Q19】孤児のための施設はどんなところが運営していたのですか？　国営はあったのですか？

A　戦争が孤児を生み出すという点からすれば、近代日本は明治維新以来ずっと戦争を続けてきたわけですから、そこには戦争孤児がいたわけです。京都で調べてみると、戦死者が激増した日露戦

アメリカ軍キャンプ（大津市）でのクリスマス会（提供・積慶園）

争以降に孤児院が開設されています。日露戦争は「勝った」といわれていますが、ロシアの戦死者よりも日本の戦死者の方が多かったのです。京都市にあった平安養育院という孤児院は有名な知恩院が運営していましたが、日露戦争後の孤児対策として開かれました。アジア・太平洋戦争後に京都で最初に開設されたのは積慶園という孤児院です。この孤児院も仏教系の孤児院です。キリスト教の盛んな長崎には、キリスト教系の孤児院がたくさんありました。戦災の少なかった京都では、府が「伏見寮」や「八瀬学園」という孤児院を設立しました。各地に駐留したアメリカ軍は間接的ではありますが、孤児たちを米軍キャンプに招待し、プレゼントをあげるなど孤児救済に一定の貢献をしました。これはアメリカの占領政策をスムーズに進めるためという側面もあります。孤児たちはアメリカ軍に好意を持ちました。日本政府は犯罪の温床になるという側面から孤児対策を行いますが、基本的には各地方自治体任せでした。国営孤児院は私の知っているかぎりでは、ありません。

【Q20】施設以外に、生活を助けてくれる制度はあったのですか？

A　大阪の中学校で社会科の先生をしている平井美津子さんが『原爆孤児～「しあわせの歌」が聞こえる』（2015年、新日本出版社）という本を出版しました。この本には原爆孤児を救済するため広島で「精神養子運動」を展開した山口勇子さんの取り組みが感動的に描かれています。精神養子運動とは、原爆孤児のために全国から精神親を募り、月千円の仕送りをお願いするというものです。仕送りを受けた孤児たちは、精神親に手紙を毎月書きました。精神親からも孤児たちに手紙が届き、こうした交流のなかで高等教育を受ける孤児もいました。

【Q21】「せんそうこじぞう」って何ですか？

A　戦争孤児について考えるモニュメントのことです。2015年7月20日、京都市下京区の大善院に設置されました。そこへ「いのちつなげて」という文字を書いてくれたのは、広島の原爆孤児だった石川律子さんです。平井さんの本によりますと、精神親からの支援や本人の努力もあり、石川さんは大学まで進学し、校長先生になっています。なお、「せんそうこじぞう」という文字を書いてくれたのは、ＭＢＳラジオの千葉猛アナウンサーがリポートした京都の戦争孤児・奥出廣司さんです。

せんそうこじぞう（大善院）

【Q22】戦争孤児について調査してきて、最も強く思うことは何ですか？

A　私の戦争孤児研究のことを知った年配者の方が、「少年時代に駅の子たちを見たことがある。けれど彼らのその後の人生についてまったく考えたことがなかった」と語っていました。私たちは戦争が孤児を作り出すという当たり前のことをしっかり認識してこなかったのではないかと思います。戦争が終わり、戦闘がなくなっても、孤児たちの生きるための戦争は、「戦後」ずっと続いていたのです。このことをしっかり生徒たちに教えていきたいと思います。歴史教科書にもきちんと書いていくことが大切です。

戦争孤児の問題は日本だけではなく、日本が侵略し占領した地域でも起こっていました。また世界各地の戦争で日々孤児は生み出されているのです。２０１５年9月安保法案が成立しましたが、もし自衛隊が海外に展開して戦争することになるとすると、自衛隊員と現地女性との間に混血（国

北山寮の女の子たち（提供：故 山西重男氏遺族）

際）児が生まれ、その子が孤児になることもあります。また自衛隊員が武器使用し敵を殺せば、殺された兵士の子は孤児になります。自衛隊員が戦死すれば、隊員の子どもは戦争孤児になる可能性があります。世界や日本で戦争孤児を生み出さないために、その原因となる戦争そのものをなくさなければなりません。

戦後70年を機に、重たい口を開いてくれた戦争孤児の皆さんの気持ちに報いるため、証言してくれた内容を本（『戦争孤児の街～〝駅の子〟たちの証言』２０１６年2月に新日本出版社より刊行）にまとめるとともに、「再び戦争孤児をつくらない」ための平和教育をしっかりと進めていきたいと思います。

NPO京都コミュニティ放送の番組

「憲法ラジオ京都」に出演

本庄　豊

＊2015年8月13日放送（FM）

――こんにちは。大塚政代です。ほんのひとときですが、日本の憲法について語り合います「憲法ラジオ京都」、どうぞよろしくお願いします。この番組は憲法9条京都の会がお送りします。さて、「憲法ラジオ京都」には毎回素敵なゲストをお迎えしていますが、今日は立命館宇治中学校・高等学校の社会科の先生、本庄豊さんです。どうぞよろしくお願いします。

本庄です。どうぞよろしくお願いします。

――今度新しい教科書を作られたということですが、どんな教科書なんでしょうか。

2016年度から学校で生徒たちが使う、『ともに学ぶ人間の歴史』という新しい中学校歴史教科書を作りました。この教科書には、たとえば京都宇治出身で戦前に治安維持法に反対を唱えて暗殺された山本宣治や、沖縄戦のことや原爆投下のことなど、いろんなことが書かれています。とてもわかりやすい教科書で、憲法9条を守り戦争に反対する教科書として今回文部科学省の検定に通りました。来年の4月から私の勤務する学校でも使うことになっています。

――この教科書を見た人が、すごくいい教科書だからぜひ使ってほしいと言っていました。多くのところで採択されるといいですね。

はい、京都や全国の私学ではかなり採択されると思いますが、公立のほうでもぜひとも採択して欲しいと思っています。

――ところで本庄さんは先日、あるテレビ番組に出られていましたが、それはどういう内容だったのですか。

内容は京都の戦争孤児についてのお話です。京都では戦禍が少なかったから、戦争孤児も少なかったんじゃないかと思われていますが、ところが調べてみると戦争孤児は全国で4番目の多さでした。大阪や名古屋、遠いところでは東京からも駅舎の残った京都に集まってきていたのです。この京都の戦争孤児の方たちが今も多く京都にお住いで、そこに聞き取りをしながら子ども向けの本をまとめ、その本をもとにして番組に取り上げて頂いたのです。

――戦争孤児の方たちは戦後になっても非常に苦労をされたと聞きますが、どんなお話がありますか。

日本の敗戦記念日の8月15日までは靖国の遺児、とくに兵隊のお父さんが戦争で亡くなった場合は村ごと、親戚を挙げて守るという立場だったのですが、8月15日以降はそういうたがはずれ、弱肉強食の世界に放り出されてしまいました。ですから行くところがなくなって駅に集まってきて、物乞いをしたり盗みをしたり、靴磨きをしたりして生活する子どもたちがたくさんいたということです。

――食べるものもなく苦労されたんでしょうね。

そのとおりです。孤児たちにとっては8月15日から戦争が始まったと言われています。

――戦争孤児だった方もだいぶお年になられてなかなかお話を聞く機会はないかと思いますが、先生の学校ではお話を聞く会をされたそうですね。

お話いただいたその孤児の方とは今から3年前に知り合って、いろいろお話をしてきました。生徒たちの前で話すことはなかなか決意が必要だったようですが、ようやく今回決意をして、生徒の前で話していただきました。生徒たちはそのお話に本当に驚いていました。お父さん、お母さんを亡くし、6歳でお姉さんと2人で冬の京都駅の寒い中を裸足で暮らしていた話をしていただいて、最後に戦争はぜったいにしたら駄目だよとお話されました。

――戦争で犠牲になった方たちの話を今はなかなか聞けないと思うので、ぜひそういう機会が持てたらと思います。ところで戦争孤児の方たちを思い起こすための企画をされたとお聞きしましたが。

京都市下京区にある真宗仏光寺派大善院で、今から3年前ですが「伏見寮」という施設で亡くなった孤児の遺髪と遺骨8体が見つかりました。2年間追悼法要の会を行ってきたのですが、戦後70年のこの機会に再び戦争孤児をつくらないために何か出来ないかということで呼びかけたところ、「せんそうこじぞう」というお地蔵さんをつくろうという話になりました。そのお披露目会を7月20日に行いました。今は大善院の前でにこにこ笑っている「せんそうこじぞう」を見ることができます。大きなお地蔵さんが地球を抱え、その上に5体の小さな戦争孤児が乗っていますのでぜひ見に来て頂きたいと思います。

――このお地蔵さんはどなたが作られたんですか。

私の高校3年生の教え子がデザインして作られました。ラジオなのでお見せできないのが残念ですが、本当にかわいいお地蔵さんができましたので、京都の新しい名所になるんじゃないかと期待しています。（つくったのは、「せんそうこじぞうの会」です）

――私もいま写真を見せていただいていますが、かわいいお地蔵さんでぜひみなさんに見に行っていただけたらと思いますね。

5体の小さなお地蔵さんは「戦災孤児」「沖縄の戦場孤児」「原爆孤児」「引き揚げ・残留孤児」「国際（混血）孤児」を意味しています。ひらがな文字の「せんそうこじぞう」は京都駅で暮らした戦争孤児の奥出廣司さんに、「命つなげて」という文字は広島の原爆孤児だった小学校の元校長先生・石川律子さんに書いていただきました。石川さんは「おこりじぞう」という作品を書かれた作家・山口勇子さんの精神養子運動という孤児たちを助ける運動によって学校に行くことができて、小学校の先生になられたそうで、お披露目会にも来て頂いてお話もされました。戦争孤児の方の力も借りながら「せんそうこじぞう」ができました。

――70年前の戦争で悲惨な目にあった方たちのことを思って、二度とこういう戦争をしてはいけないという思いが全国に広がっていけばいいと思いますね。

はい、そうですね。ところでこの「せんそうこじぞう」を作るのに多くの費用がかかりました。みなさんのカンパで成り立っています。一口2000円ですが5口以上ご協力いただければ、「せんそうこじぞう」の石の銘板にお名前が書かれますのでぜひ大善院にお届けいただければと思います。

――時間がまいりました。今日、お話いただきましたのは立命館宇治中学校・高等学校の本庄豊さんでした。ありがとうございました。

（NPO京都コミュニティ放送（京都三条ラジオカフェ）は京都市中京区にあるコミュニティFMラジオ放送局です）

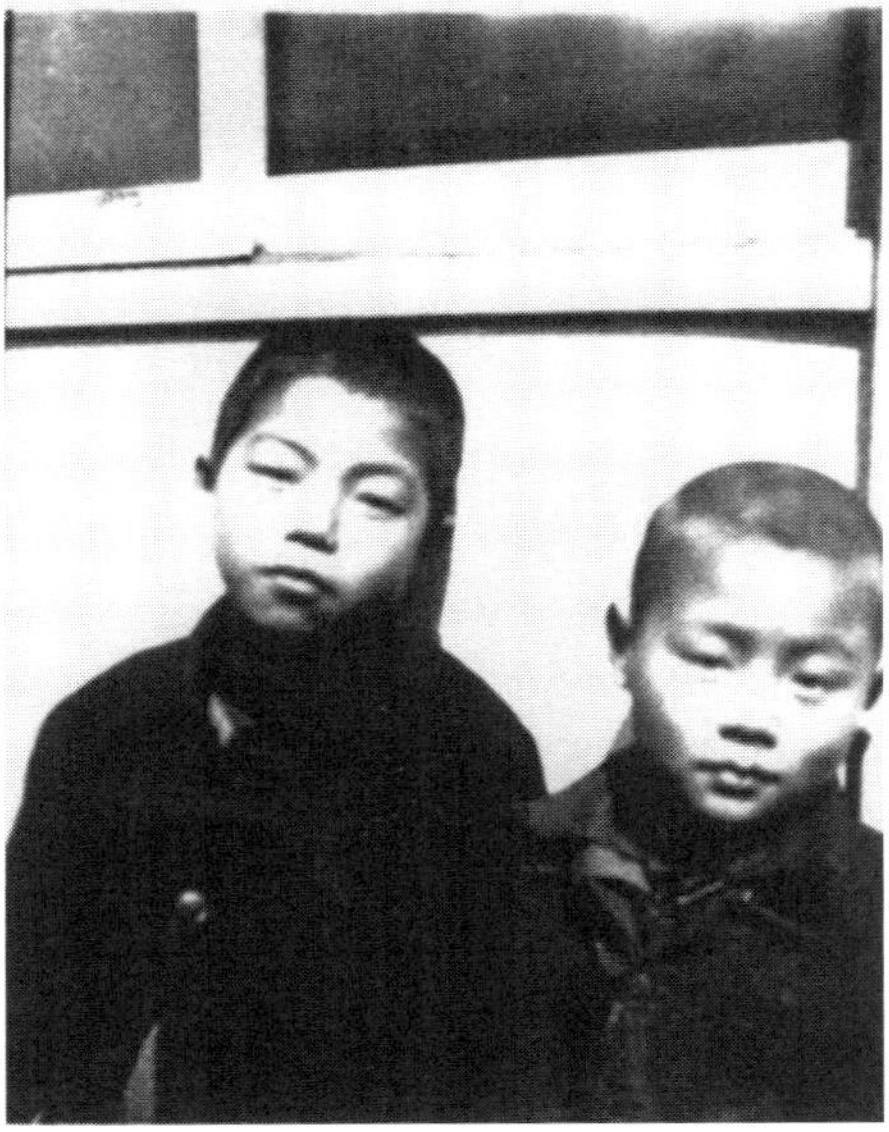

伏見寮の子ども（提供：故 山西重男氏遺族）

「せんそうこじぞう」に寄せて

思いはつながった　石沢春彦（せんそうこじぞうの会事務局長）

京都は知る人ぞ知る盲聾《ろうあ》教育（視覚・聴覚障害児教育）発祥の地だ。明治初期、古河太四郎が始めた京都盲唖院には多くの京町衆の支援があったという。

京都には伝統と革新が息づいている。古い寺社仏閣、街並みが保存されているだけでなく、歴史の先端をいく出来事も数多く起こる。大正デモクラシーの時代に、被差別部落の解放と人間平等を「人の世に熱あれ、人間に光りあれ」と高らかにうたいあげた「水平社宣言」もその一つ。

その京都が奇跡的に戦災を免れ、多くの戦争孤児たちが駅舎に集ったのを京都の人々は放っておかなかった。「せんそうこじぞうの会」代表の川崎泰市さん（元児童擁護施設「伏見寮」職員家族）の話から、京都駅で保護された孤児たちを良きも悪しきも家族とともに受け入れ、孤児たちの新しい出発を準備した温かい人垣があったことがわかる。

めぐりめぐって戦後70年、本庄豊さんが『いじめる子』（文理閣）の執筆過程で発掘した一枚の写真（本書35ページ）が、私たちと「駅の子」（京都の戦争孤児）との出会いとなった。一枚の写真を通じて大善院住職佐々木正祥さん、川崎泰市さんらが本庄さんのもとに集い、本庄さんの教え子で現役高校生の白井有紀さんがそれに加わった。大善院に安置されていた孤児たちの遺骨・遺髪を追悼する集いを続けながら、本庄さんはさらに全国の戦災孤児たちの体験を掘り起こす作業を続けた。

白井さんは「戦争孤児」の奥出廣司さんへの取材を通じて、発見された写真のイメージを超え、そのたくましく生きた姿に視線を向けた。その思いを、京都駅周辺に「孤児たちの戦争体験を伝える像」の設置が発案されたとき、手をつなぎ走り出す姉弟の姿のスケッチを示してくれた。その後、紆余曲折を経て、佐々木住職の発案で、子どもたちを守り平和への祈りを示す「地蔵」の似姿から「戦争孤児」と「子地蔵」を融合させた「せんそうこじぞう」が再び白井さんの手で具現化された。しかし、当初スケッチで示された像はあまりに独創的で実現は不可能に思われた。そこに、京都の石材職人・村上耕平さんとの出会いがあり、不可能に思われた像が現実化した。その縁の広がりと紆余曲折は、詳細を述べる紙幅がないが、ドラマといっていい。

「せんそうこじぞう」の設置に協力を惜しまなかった京都建設センター代表・後賓三郎さんや株式会社コウリョウ会長・河野弘さんの存在は、盲唖院を支援した町衆の姿を彷彿させた。さまざまな思いが後押しして7月20日の「せんそうこじぞう」除幕式には、報道陣を含めて100人近い人たちが集い、その後も毎日のように大善院横の「せんそうこじぞう」を詣でる人は後を絶たない。

思いはつながった。そして戦争のない平和な日本へさらに物語は続く。

大善院の遺骨・遺髪　佐々木正祥（大善院住職）

「ちょっとこれ何かしら⁉」

今から十数年前、本堂裏の倉庫の整理をしていた時に、坊守（妻）の美也子が急に声をあげました。見ると50㎝立法ぐらいの木箱に、何体もの遺骨や遺髪の容器が入れられていました。それも大半が幼い子どものもののようです。そう言えば、確か叔父の佐々木元禧《げんき》が戦後間もない頃に、勤務先の施設で亡くなった子ども達の遺骨を実家である大善院に預けたようなことを言っていたと、その時思いだしたのでした。どういう経過か、それが長い間、本堂の奥にしまわれていたようです。ともかくそれ以来、身寄りもなく亡くなっていった可哀そうな子ども達という気持ちで、本堂の中にお祀りさせていただいてきました。

その時点では、それらの遺骨・遺髪が、いわゆる戦争孤児のものという認識はなかったのですが、2年ほど前に本庄豊先生が調査に来られて、それらの遺骨・遺髪が一気に社会的・歴史的な背景をもって光を浴びることになりました。2回にわたる「戦争孤児追悼法要」。そして今回、戦後70年ということで、年代や立場を超えた関係者の努力で「せんそうこじぞう」という、一つのシンボル的なモニュメントを完成させることができました。

まさか叔父もそこまで事態が発展するとは思っていなかったと思いますが、ここにいたるあらゆる縁が熟してこういう形に結実したのだなあと思えば感慨深いものがあります。

たまたま遺骨・遺髪を見つけた妻は、「何かに呼ばれたのかもしれない。」と言っておりました。

決してオカルトチックな意味ではなく、そういう機縁があるのでしょう。またこの「せんそうこじぞう」建立を契機に、多くの新しい縁が結ばれ始めているようにも思えます。門前の「せんそうこじぞう」さんが、これからも訪れる人たちに何かを感じていただけるきっかけになればと願っています。

せんそうこじぞうに込めた思い　白井有紀（立命館宇治高等学校3年）

私は、「せんそうこじぞう」のデザインをさせて頂きました。「せんそうこじぞう」という名前は、〝戦争孤児〟と〝子地蔵〟を掛け合わせて名付けられました。「せんそうこじぞう」は、大きなお地蔵さんが丸い地球を持ち、その上に5体の小さなお地蔵さんが立っているというデザインにしました。大きなお地蔵さんは、二度と戦争孤児を生み出さないために祈り、また戦争のない平和な世界にしていくという私たちの決意の象徴にしました。また、親を亡くして孤児になったことから、どことなく母親をイメージしました。

大きなお地蔵さんが持つ地球は、世界中で戦争が起こるなかで、どの戦争でも罪のない子どもが犠牲にされるから、戦争のない世界を目指したいという思いを込めました。そして地球に乗っている5体の小さなお地蔵さんは、左端から混血（国際）孤児、原爆孤児、戦災孤児、沖縄の戦場孤児、そして右端が引揚・残留孤児を表しています。また、戦時中につけていたであろう防空頭巾をお地蔵さんに被せました。この「せんそうこじぞう」を通して、戦争で亡くなった孤児や懸命に戦後を生き抜いた孤児たちの存在を多くの人々に知ってもらい、平和を願う思いを、世代を超えてより広く伝えていきたいです。

「いのちつなげて」の字を揮毫《きごう》した石川律子さん　平井美津子（『原爆孤児』著者）

アメリカによって原爆が投下された広島には、6500人にのぼる孤児たちがいたと推定されています。爆心地から3・5キロ離れた広島市己斐にいた石川律子さんは、当時1歳半でした。本川小学校の教員だったお父さんを原爆で亡くしました。被爆後、身体の弱かったお母さんは律子さんが小学2年生の時に亡くなりました。病気がちだったお母さんに、病の床で抱っこされたときのことは、今でも鮮明に覚えているといいます。幾筋もの黒い雨の跡が残る壁、爆風で飛び散ったガラス片が刺さった柱……。

お祖母さんと姉、妹との4人暮らしが始まりました。律子さんが小学6年生のときに、担任の先生から精神養子運動というものがあって、京都の女性が律子さんの精神親になってくださると言われました。精神養子運動とは、1953年に結成された「広島子どもを守る会」がすすめた取り組みで、精神親と呼ばれる人が月1000円（当時は高額なお金）と愛の手紙を孤児（精神養子）に最大限、高校を卒業するまで送るというものでした。律子さんの精神親は京都の女性でした。律子さんは、その女性を「洋子おばさま」と呼び、毎月京都から送られてくる手紙に返事を書くのが楽しかったと言います。律子さんは中学を卒業するときに、働きながら高校に行くことを決め仕送りを辞退する手紙を書きましたが、「あなたが学びたいのなら、仕送りを続けます。しっかり学びなさい」と励まされ、その後小学校の教師になりました。律子さんと洋子おばさまとの付き合いは、２０１１年に洋子おばさまが亡くなるまで続きました。

律子さんは小学校の先生として、「世の中を見ること、何が大事なことかを自分の力で探ること、どんなに社会が揺れ動いても前を向いて進んでいく、自分の夢を実現するために努力していくこと、考えが違うもの同士が言葉で伝え合う努力をすることが大切」と伝え続けてきました。

「私は原爆そのものは体験していません。だから、なかなか話せませんでした。でも、体験者が亡くなっていくなかで、私たちが話すことが次世代につないでいくことだと考え、逃げてはおれんと思って、話すようになりました」と律子さんは言います。紙芝居を作り、子どもたちにもわかるように原爆のことを伝えていく律子さん。「せんそうこじぞう」に揮毫された「いのちつなげて」の文字には、次世代に戦争のことを伝えていこうという律子さんの想いが込められています。

◎資料

伏見寮歌集　ゆりかご

（提供：川崎泰市さん）

伏見寮歌集「ゆり籠」京都府伏見寮

詞・川崎国之助　曲・森川康雄

ゆりかご　のことば

うれしいときも　かなしいときも
この『ゆりかご』をそっと開いて
唄いませう
うれしいときは　大きな声で
かなしいときは　小さな声で

久仁之助

赤いお屋根

詞・川崎国之助　曲・森川康雄

一　しあわせの風に吹かれた小鳥だよ
今日も仲よく飛んできた
赤いお屋根の伏見寮
さあさ遊ぼう元気よく
ハッピー　ハッピー　チルドレン

二　しあわせのお家みつけた小鳥だよ
今日も仲よく歌うのだ
赤いお屋根の伏見寮
さあさ歌おうほがらかに
ハッピー　ハッピー　チルドレン

三　しあわせの風に吹かれて行くんだよ
今日も元気に飛んでゆく
赤いお屋根の伏見寮
さあさ良い子になるんだよ
ハッピー　ハッピー　チルドレン

伏見寮の夢

詞・川崎国之助　曲・森川康雄

一　ワッと泣きたい時がある
父さん　母さん　遭いたいよ
ゆうべ見た夢　母さんの
だっこしている　ぼくの夢

二　想い出しては泣いている
伏見のお庭の月見草
チ、チロ　虫鳴け　母さんが
歌ってくれた　子守歌

三　空のお星も泣いている
月はお星の母さんか
やさしい伏見の先生も
泣くのじゃないと　泣いている

おわりに〜子どもの視点を大切にした歴史学習を

本庄　豊

「ぼくの話を聞きながら千葉アナウンサーは涙を流してくれた。本庄先生とは3年間のつきあいだけど、一度も泣かなかったね」

京都府宇治市三室戸で鉄板焼き店を営む、元戦争孤児の奥出廣司さんがぽつりと語った言葉です。この話を千葉猛さんにしたところ、頭を掻きながら、「取材しながら泣いてしまうのは、本当は良くないのですけれど……」

「はじめに」に千葉さんが書いているように、千葉さんが私に接触するきっかけとなったのは「せんそうこじぞう」建立の情報からでした。

スタジオでは、スタッフから「千葉ちゃん」と気軽に声をかけられている彼と身近に接し、マスコミにこんな人がいるのだと感激しました。感受性の豊かな人だということが、近くにいるだけで伝わってきます。千葉さんだけではなく、「報道するラジオ」に出演していたチーフアナウンサーの水野晶子さん、元毎日新聞論説委員の平野幸夫さん、番組ディレクターの亘《わたり》佐和子さんなど、魅力的な方々に囲まれてのラジオ生出演は刺激的でした。

収録の1時間前、亘ディレクターは困った顔で言いました。

「前にもらった『戦争孤児Q&A』ですけど、あれはなしにして、ぶっつけ本番、千葉ちゃんのレポートについての先生のコメントを言ってもらえませんか?」

「えっ、シナリオはなしですか?」

「だいたいのタイムスケジュールはありますが、本音トークの方がリスナーに伝わると思います」

亘さんの言葉に説得され、スタジオ入り。プロ野球阪神戦の実況中継が終わるとコマーシャルが入り、すぐに放送が始まりました。その内容は、本書に掲載されているとおりです。事前に作成した「戦争孤児Q&A」は残念ながら電波に乗りませんでしたが、本書に収録することができました。

昨年から今年にかけて、戦争孤児研究者として何度もテレビ出演しましたが、カットの多いテレビはそのままでは本にはなりません。その点、ラジオは書籍化するのに非常に優位な媒体だと言えるでしょう。

２０１５年9月19日、安全保障関連法案（戦争法案）は参議院本会議において強行採決され成立しました。強行採決の6日前の年9月13日、京都新聞朝刊１面下のコラム「梵語」にこんな文章が載りました。

例年は終戦記念日を過ぎると、新聞やテレビで戦争や終戦の話題はめっきり少なくなる▼ところが今年は戦後70年であるうえ、安全保障関連法案の国会審議が大詰めを迎え、平和主義が岐路に立っていることもあって「戦争」や「戦後」のキーワードが今も目立つ▼１９４５年8月15日を過ぎてから、新たな苦難が始まった人は多い。父親が戦死したり、空襲で家族を亡くしたりした戦災孤児たちもそうだ。京都駅には身寄りのない大勢の子どもたちが集まり、終戦の翌月には受け入れの施設「積慶園」が、京都市上京区に設けられた▼立命館宇治中高の本庄豊教諭（60）の著書「戦災孤児」（汐文社刊）に詳しい。駅での餓死、物乞い、闇市での靴磨き、施設からの逃亡…。戦後復興が進む中で実態は埋もれ、研究も多くないという▼本庄さんたちのグループは今夏、その歴史を伝え、戦争のない平和な世界を願う石像「せんそうこじぞう」を、下京区の大善院に安置した。原爆や沖縄戦などの孤児を表す5体の地蔵菩薩（ぼさつ）が乗った地球を、大きな地蔵が抱える姿をしている▼戦禍は弱い立場の子どもたちに大きなしわ寄せをもたらす。戦争と平和を考えるうえでその視点を忘れてはならない。子どもを守るとされるお地蔵さんのほほ笑みを見ながら、そう思った。

［京都新聞　２０１５年９月13日掲載］

マスコミ関係者の間で使われる「８月ジャーナル」という言葉があるそうです。毎年８月になると戦争や平和関係の記事や放送が増える現象のことですが、８月が終わると潮が引くようにそうした報道がなくなっていくことへの警鐘を込めた言葉でもあります。今年、「８月ジャーナル」が９月になっても続いたのは、京都新聞「梵語」に指摘されているように安全保障関連法案が日本の内外で大きな関心を呼んだことが大きな要因の１つでした。

改めて言うまでもなく、「梵語」のなかにある「戦禍は弱い立場の子どもたちに大きなしわ寄せをもたらす。戦争と平和を考えるうえでその視点を忘れてはならない」は、私たち歴史教育者に鋭く向けられたものとも言えます。中学校歴史教科書として出版された『ともに学ぶ人間の歴史』（学び舎・２０１６年度版）は、子どもの視点を大切にした新しい教科書として、日本の歴史教育に大きな一石を投じたと言うことができるでしょう。この教科書には戦争孤児がコラムとして書かれているばかりではなく、孤児を生み出す原因となった学童疎開や都市空襲、満蒙開拓団、沖縄戦、原爆投下、沖縄の米軍基地問題などが歴史的事実を踏まえて詳しく記述されています。本書とともに併読していただければと思います。

最後に、本書出版に際して大変お世話になった、MBSラジオ、せんそうこじぞうの会、憲法9条京都の会の皆さんにお礼申し上げます。また、取材に応じていただいた奥出廣司さん、せんそうこじぞうに揮毫《きごう》していただいた石川律子さん、私の教え子や保護者のみなさんをはじめ、私の無理な願いを聞いていただいた方々に心より感謝いたします。

2015年11月14日

【著者紹介】

●本庄　豊(ほんじょう　ゆたか)

群馬県安中市松井田町出身。群馬県立前橋高等学校を経て、東京都立大学卒業後、京都府南部の公立中学校に勤務し社会科を教える。現在、立命館宇治中学校・高等学校教諭、立命館大学兼任講師、京都総評宇治城陽久御山地区労働組合協議会議長。専門研究は近代日本社会運動史、近代日本移民史。

著書に『シリーズ戦争孤児』全５巻（汐文社）、『いじめる子』（文理閣）、『魯迅の愛した内山書店』（かもがわ出版）、『煌めきの章～多喜二くんへ、山宣さんへ』（同）、『テロルの時代～山宣暗殺者黒田保久二とその黒幕』（群青社）、『山本宣治～人が輝くとき』（学習の友社）、『ポランの広場～瓦解した「宮澤賢治の理想郷」』（かもがわ出版）、『新ぼくらの太平洋戦争』（同）、『ここから始める平和学』（つむぎ出版）、長編推理小説『パウリスタの風』（群青社・紫式部市民文化賞）など多数。

●寄稿　千葉　猛（ＭＢＳアナウンサー）
●協力　ＭＢＳラジオ「報道するラジオ」
●協力　せんそうこじぞうの会
●協力　京都憲法ラジオ

戦争孤児を知っていますか？　あの日、“駅の子”の戦いが始まった

2015年11月14日　初版第1刷発行

著　者　本庄　豊
発行者　坂手　崇保
発行所　日本機関紙出版センター
〒553-0006　大阪市福島区吉野3-2-35
TEL 06-6465-1254　FAX 06-6465-1255
本文組版　Third
編集　丸尾忠義
印刷・製本　シナノパブリッシングプレス

ISBN978-4-88900-928-6